Impressum
Verlag: BABADADA GmbH, Nedderfeld 112 , 22529 Hamburg
Geschäftsführer / Verlagsleitung: Harald Hof
Druck: Books on Demand GmbH, In de Tarpen 42, 22848 Norderstedt

Imprint
Publisher: BABADADA GmbH, Nedderfeld 112 , 22529 Hamburg, Germany
Managing Director / Publishing direction: Harald Hof
Print: Books on Demand GmbH, In de Tarpen 42, 22848 Norderstedt

學校
l'école

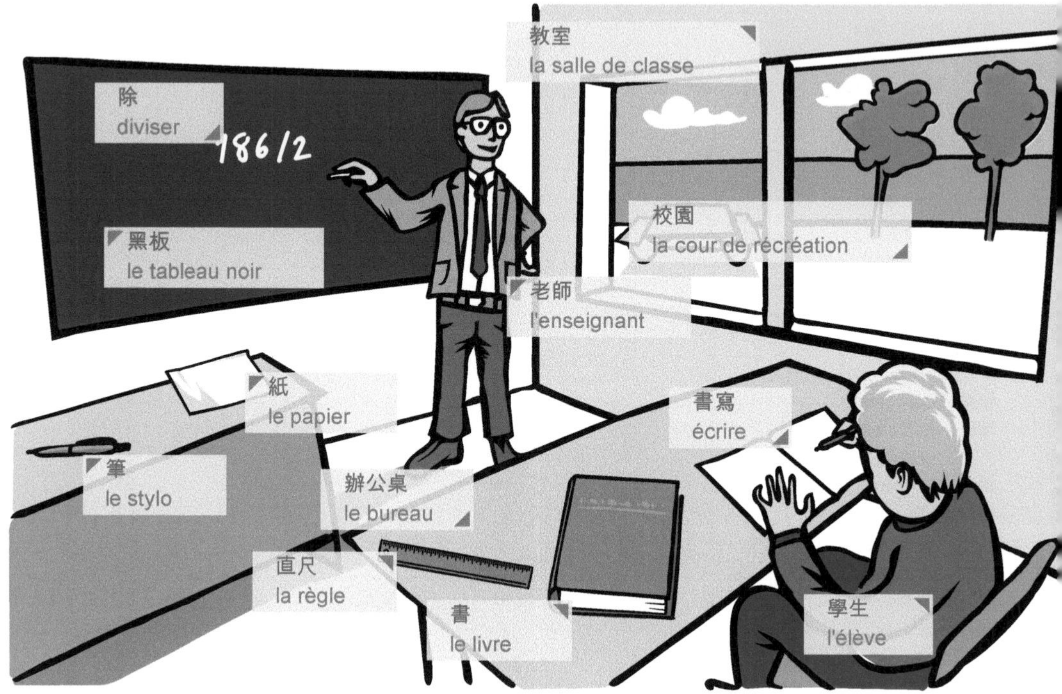

教室
la salle de classe
除
diviser
186/2
黑板
le tableau noir
校園
la cour de récréation
老師
l'enseignant
紙
le papier
書寫
écrire
筆
le stylo
辦公桌
le bureau
直尺
la règle
書
le livre
學生
l'élève

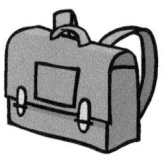

書包

le sac d'école

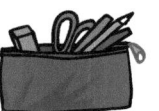

鉛筆盒

la trousse

鉛筆

le crayon

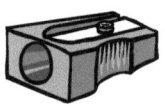

削鉛筆機

le taille-crayon

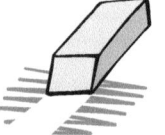

橡皮擦

la gomme

畫板

le carnet à dessin

圖畫
le dessin

畫筆
le pinceau

顏料盒
la boîte de peinture

剪刀
les ciseaux

膠水
la colle

練習冊
le cahier d'exercices

家庭作業
les tâches

12

數字
le chiffre

2+2

加
additionner

5-2

減
soustraire

2×2

乘
multiplier

計算
calculer

A

字母
la lettre

ABCDEFG
HIJKLMN
OPQRSTU
VWXYZ

字母表
l'alphabet

hello

字
le mot

課文

le texte

讀

lire

粉筆

la craie

上課

la leçon

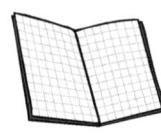

登記

le livre de classe

考試

l'examen

證書

le certificat

校服

l'uniforme scolaire

教育

la formation

百科全書

le lexique

大學

l'université

顯微鏡

le microscope

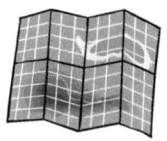

地圖

la carte

廢紙簍

la corbeille à papier

旅行
le voyage

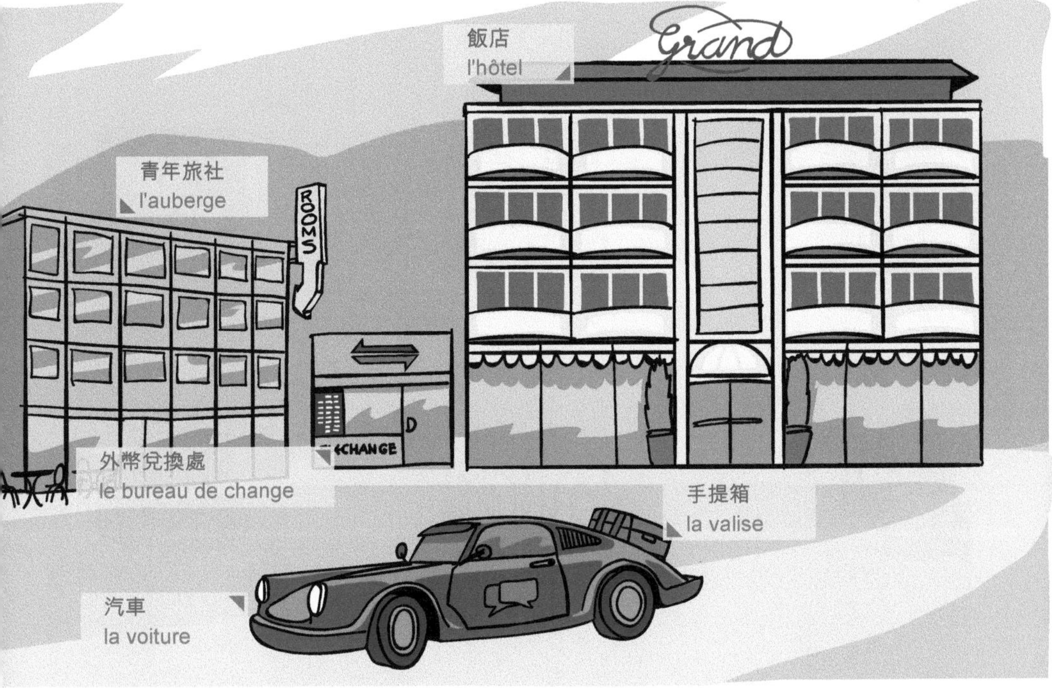
Grand
飯店
l'hôtel
青年旅社
l'auberge
ROOMS
外幣兌換處
le bureau de change
CHANGE
手提箱
la valise
汽車
la voiture

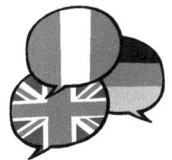

語言

la langue

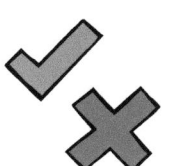

是/否

oui / non

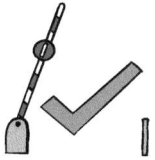

好的

d'accord

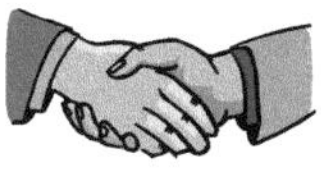

您好

Salut

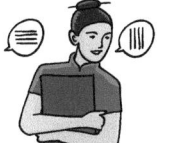

翻譯人員

l'interprète

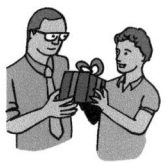

謝謝

merci

……多少錢？

Combien coûte...?

我不明白

Je ne comprends pas

問題

le problème

晚上好！

Bonsoir!

早上好！

Bonjour!

晚安！

Bonne nuit!

再見

Au revoir

方向

la direction

行李

les bagages

包

le sac

背包

le sac-à-dos

客人

l'hôte

房間

la pièce

睡袋

le sac de couchage

帳篷

la tente

旅行資訊

l'office de tourisme

海灘

la plage

信用卡

la carte de crédit

早餐

le petit-déjeuner

午餐

le déjeuner

晚餐

le dîner

票

le billet

電梯

l'ascenseur

郵票

le timbre

邊界

la frontière

海關

la douane

大使館

l'ambassade

簽證

le visa

護照

le passeport

交通運送
le transport

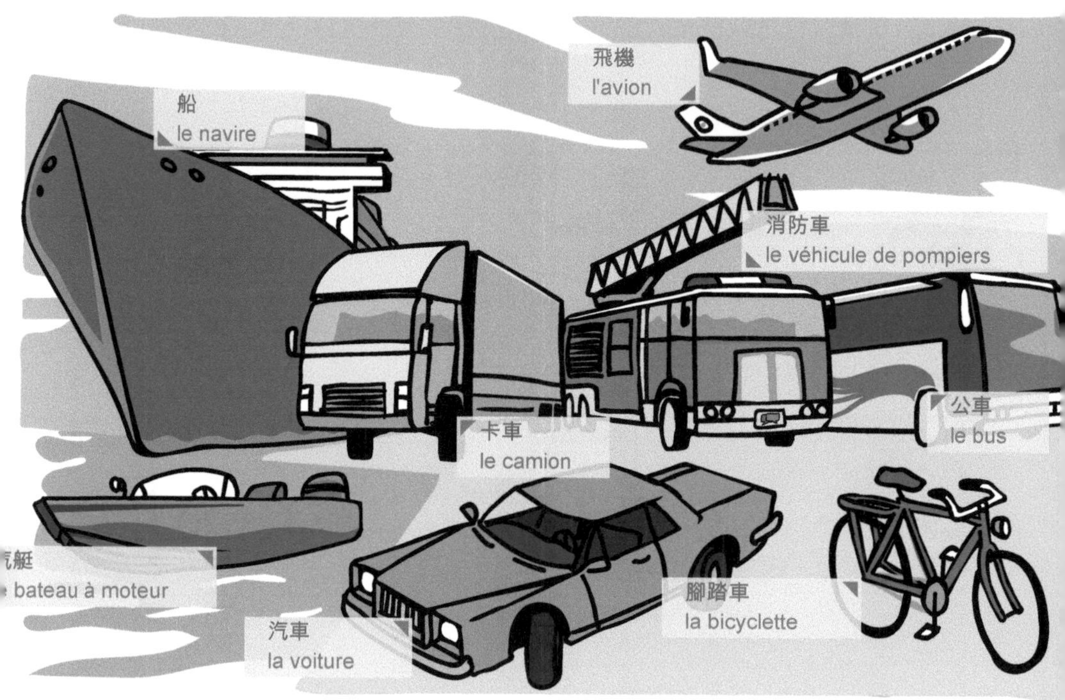

飛機
l'avion

船
le navire

消防車
le véhicule de pompiers

公車
le bus

卡車
le camion

汽艇
bateau à moteur

腳踏車
la bicyclette

汽車
la voiture

渡輪

le ferry

小船

la barque

機車

la moto

警車

la voiture de police

賽車

la voiture de course

租車

la voiture de location

拼車

l'autopartage

拖車

la dépanneuse

垃圾車

la benne à ordures

馬達

le moteur

汽油

l'essence

加油站

la station d'essence

交通標識

le panneau indicateur

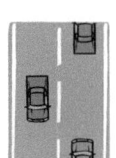

交通

le trafic

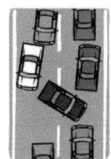

交通堵塞

l'embouteillage

停車場

le parking

火車站

la gare

軌道

les rails

火車

le train

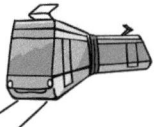

路面電車

le tram

客車廂

le wagon

交通運送 - le transport

直升機

l'hélicoptère

機場

l'aéroport

塔

la tour

乘客

le passager

集裝箱

le container

紙板箱

le carton

手推車

le chariot

籃子

la corbeille

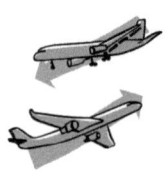

起飛/降落

décoller / atterrir

城市

la ville

村莊

le village

市中心

le centre-ville

房子

la maison

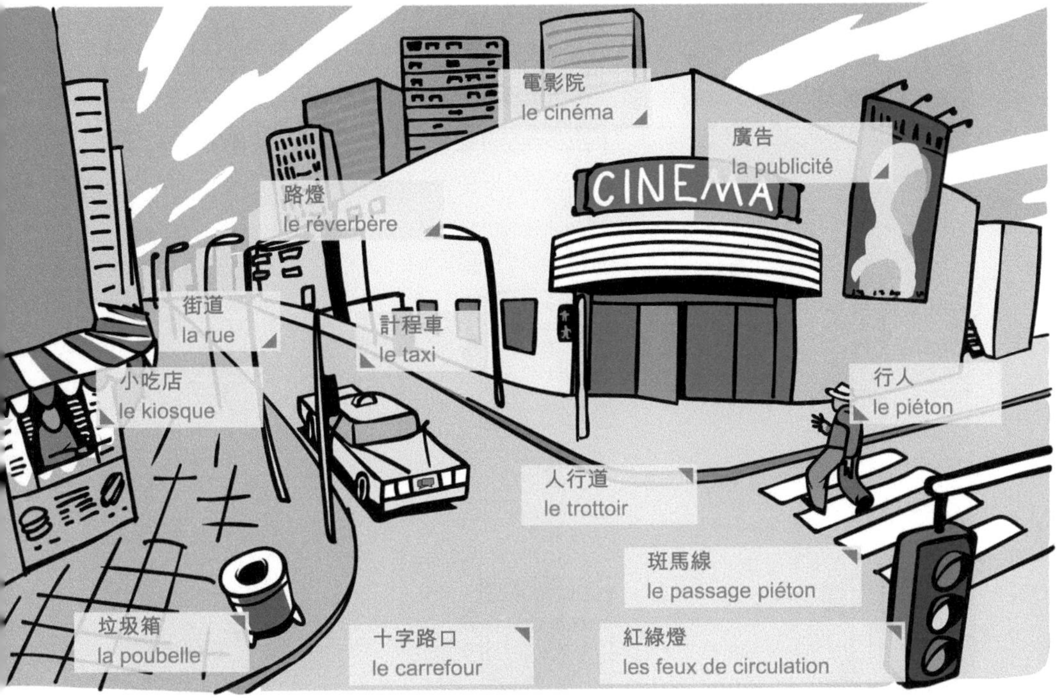

電影院
le cinéma
CINEMA
廣告
la publicité
路燈
le réverbère
街道
la rue
計程車
le taxi
小吃店
le kiosque
行人
le piéton
人行道
le trottoir
斑馬線
le passage piéton
垃圾箱
la poubelle
十字路口
le carrefour
紅綠燈
les feux de circulation

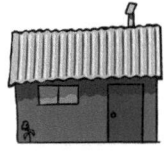

小屋

la cabane

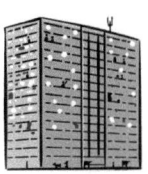

公寓

l'appartement

火車站

la gare

市政廳

la mairie

MUSEUM

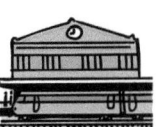

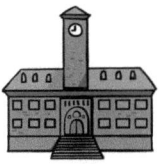

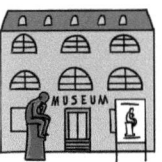

博物館

le musée

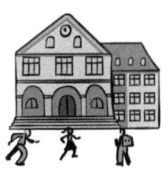

學校

l'école

大學

l'université

銀行

la banque

醫院

l'hôpital

飯店

l'hôtel

藥房

la pharmacie

辦公室

le bureau

書店

la librairie

商店

le magasin

花店

le fleuriste

超市

le supermarché

市場

le marché

百貨商店

le grand magasin

魚店

la poissonnerie

購物中心

le centre commercial

海港

le port

公園
le parc

長凳
la banque

橋
le pont

樓梯
les escaliers

捷運
le métro

隧道
le tunnel

公車站
l'arrêt de bus

酒吧
le bar

餐館
le restaurant

郵筒
la boîte à lettres

路標
le panneau indicateur

停車計時器
le parcomètre

動物園
le zoo

游泳池
le réverbère

清真寺
la mosquée

農場

la ferme

污染

la pollution

墓地

le cimetière

教堂

l'église

操場

l'aire de jeux

寺廟

le temple

地形
le paysage

樹葉
la feuille

指示牌
le panneau indicateur

路
le chemin

草地
le pré

石頭
la pierre

樹
l'arbre

徒步旅行者
le randonneur

河
la rivière

草
l'herbe

花
la fleur

峽谷

la vallée

丘陵

la montagne

湖

le lac

森林

la forêt

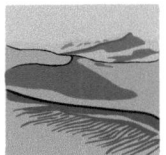

沙漠

le désert

火山

le volcan

城堡

le château

彩虹

l'arc-en-ciel

蘑菇

le champignon

棕櫚樹

le palmier

蚊子

le moustique

蒼蠅

la mouche

螞蟻

les fourmis

蜜蜂

l'abeille

蜘蛛

l'araignée

地形 - le paysage

甲蟲

le scarabée

青蛙

la grenouille

松鼠

l'écureuil

刺蝟

le hérisson

野兔

le lapin

貓頭鷹

la chouette

鳥

l'oiseau

天鵝

le cygne

野豬

le sanglier

鹿

le cerf

麋鹿

l'élan

水壩

le barrage

風力發電機

l'éolienne

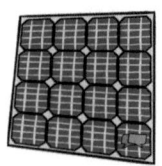

太陽能電池板

le panneau solaire

氣候

le climat

餐館
le restaurant

服務生
le serveur
菜譜
le menu
椅子
la chaise
湯
la soupe
披薩餅
la pizza
餐具
les services
桌布
la nappe

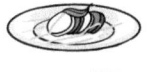

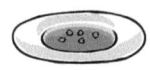

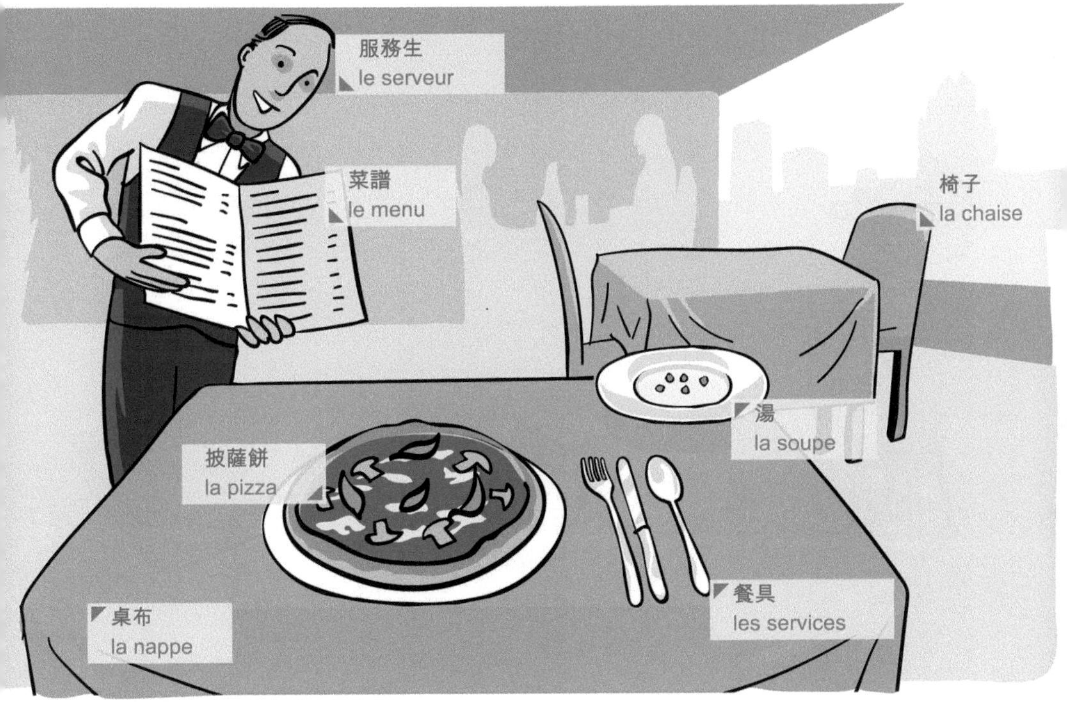

前菜

les hors d'œuvre

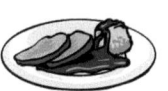

主菜

le plat principal

甜點

le dessert

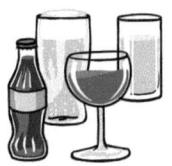

飲料

les boissons

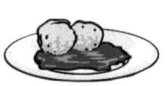

食物

l'alimentation

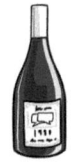

瓶子

la bouteille

速食
le fast-food

街邊小吃
les plats à emporter

茶壺
la théière

糖盒
le sucrier

一份飯菜
la portion

義式咖啡機
la machine à expresso

高腳椅
la chaise haute

帳單
la facture

托盤
le plateau

刀
le couteau

餐叉
la fourchette

勺子
la cuillère

茶匙
la cuillère à thé

餐巾
la serviette

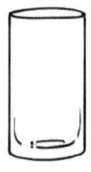

玻璃杯
le verre

餐館 - le restaurant

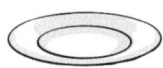

碟子
....
l'assiette

湯盤
....
l'assiette à soupe

碟子
....
la soucoupe

醬
....
la sauce

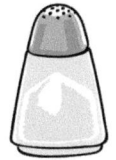

鹽瓶
....
la salière

胡椒研磨罐
....
le moulin à poivre

醋
....
le vinaigre

食用油
....
l'huile

調味料
....
les épices

番茄醬
....
le ketchup

芥末
....
la moutarde

美乃滋
....
la mayonnaise

超市

le supermarché

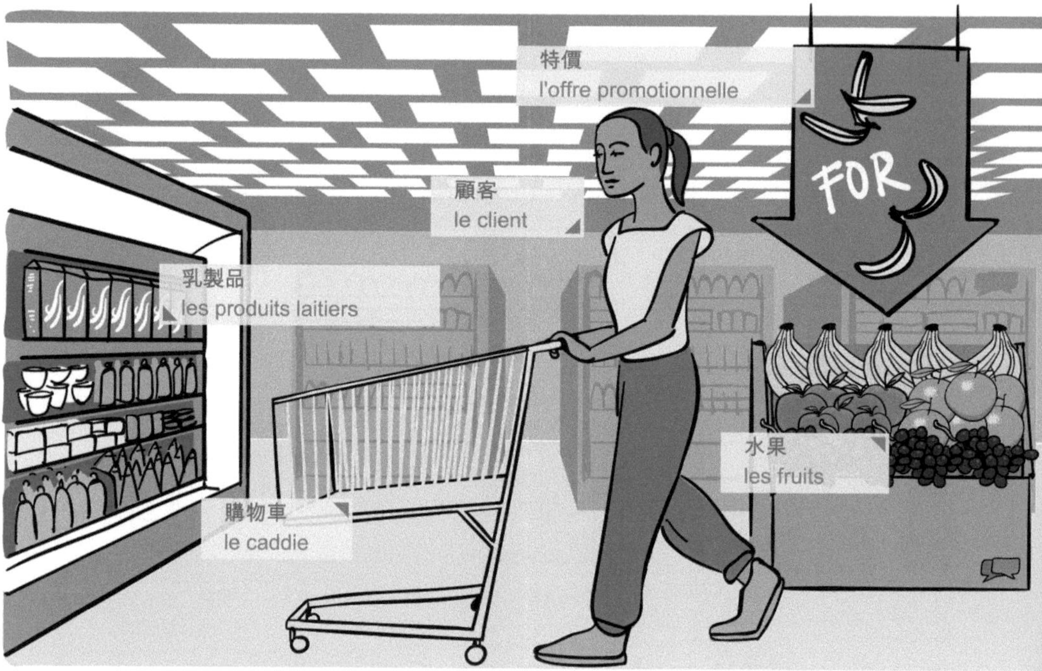

特價
l'offre promotionnelle
FOR
顧客
le client
乳製品
les produits laitiers
水果
les fruits
購物車
le caddie

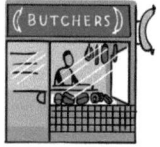

BUTCHERS

肉鋪

la boucherie

BAKERY

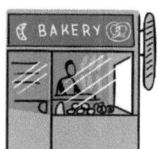

麵包店

la boulangerie

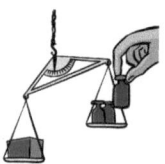

稱重

peser

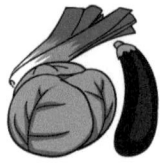

蔬菜

les légumes

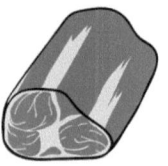

肉

la viande

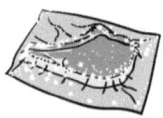

冷凍食品

les aliments surgelés

冷盤
....
la charcuterie

罐頭食品
....
les conserves

洗衣粉
....
la poudre à lessive

甜食
....
les bonbons

日用品
....
les articles ménagers

清潔用品
....
les détergents

銷售員
....
la vendeuse

收銀機
....
la caisse

收銀員
....
le caissier

購物清單
....
la liste d'achats

開放時間
....
les heures d'ouverture

錢包
....
le portefeuille

信用卡
....
la carte de crédit

袋子
....
le sac

塑膠袋
....
le sac en plastique

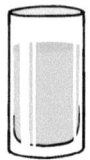

水

l'eau

果汁

le jus de fruit

牛奶

le lait

可樂

le coca

紅酒

le vin

啤酒

la bière

酒

l'alcool

可可

le chocolat chaud

茶

le thé

咖啡

le café

義式濃縮咖啡

l'expresso

卡布奇諾

le cappuccino

l'alimentation

香蕉

la banane

蘋果

la pomme

柳丁

l'orange

西瓜

le melon

檸檬

le citron

胡蘿蔔

la carotte

大蒜

l'ail

竹子

le bambou

洋蔥

l'oignon

蘑菇

le champignon

堅果

les noisettes

麵條

les pâtes

義大利麵

les spaghettis

米飯

le riz

沙拉

la salade

薯條

les frites

炸馬鈴薯

les pommes de terre rôties

披薩餅

la pizza

漢堡

le hamburger

三明治

le sandwich

炸豬排

l'escalope

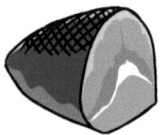

火腿

le jambon

義大利臘腸

le salami

香腸

la saucisse

雞肉

le poulet

烤肉

le rôti

魚

le poisson

燕麥片

les flocons d'avoine

木斯里

le muesli

玉米片

les cornflakes

麵粉

la farine

牛角麵包

le croissant

麵包捲

les petits-pains

麵包

le pain

吐司

le pain grillé

餅乾

les biscuits

奶油

le beurre

凝乳

le fromage blanc

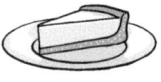

蛋糕

le gâteau

蛋

l'œuf

煎蛋

l'œuf au plat

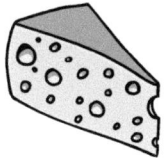

起司

le fromage

冰淇淋
....
la glace

糖
....
le sucre

蜂蜜
....
le miel

果醬
....
la confiture

巧克力醬
....
la crème nougat

咖哩
....
le curry

la ferme

農舍
la ferme

糧倉
la grange

稻草捆
la botte de paille

田野
le champ

馬
le cheval

拖車
la remorque

馬駒
le poulain

拖拉機
le tracteur

驢
l'âne

羔羊
l'agneau

羊
le mouton

山羊
la chèvre

奶牛
la vache

小牛
le veau

豬
le porc

小豬
le porcelet

公牛
le taureau

鵝
l'oie

鴨
le canard

小雞
le poussin

母雞
la poule

公雞
le coq

鼠
le rat

貓
le chat

老鼠
la souris

牛
le bœuf

狗
le chien

狗屋
le chenil

花園澆水軟管
le tuyau de jardin

澆水壺
l'arrosoir

長柄大鐮刀
la faucheuse

犁
la charrue

鐮刀

la faucille

鋤頭

la pioche

長柄草耙

la fourche

斧頭

la hache

獨輪手推車

la brouette

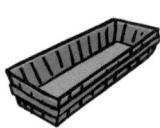

飼料槽

la cuve

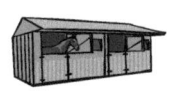

牛奶罐

le pot à lait

麻布袋

le sac

柵欄

la clôture

馬廄

l'étable

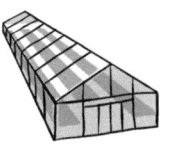

溫室

la serre

土壤

le sol

種子

les semences

肥料

l'engrais

聯合收割機

la moissonneuse-batteuse

收割

récolter

收割

la récolte

地瓜

l'igname

小麥

le blé

大豆

le soja

土豆

la pomme de terre

玉米

le maïs

油菜籽

le colza

果樹

l'arbre fruitier

樹薯

le manioc

穀物

les céréales

房子

la maison

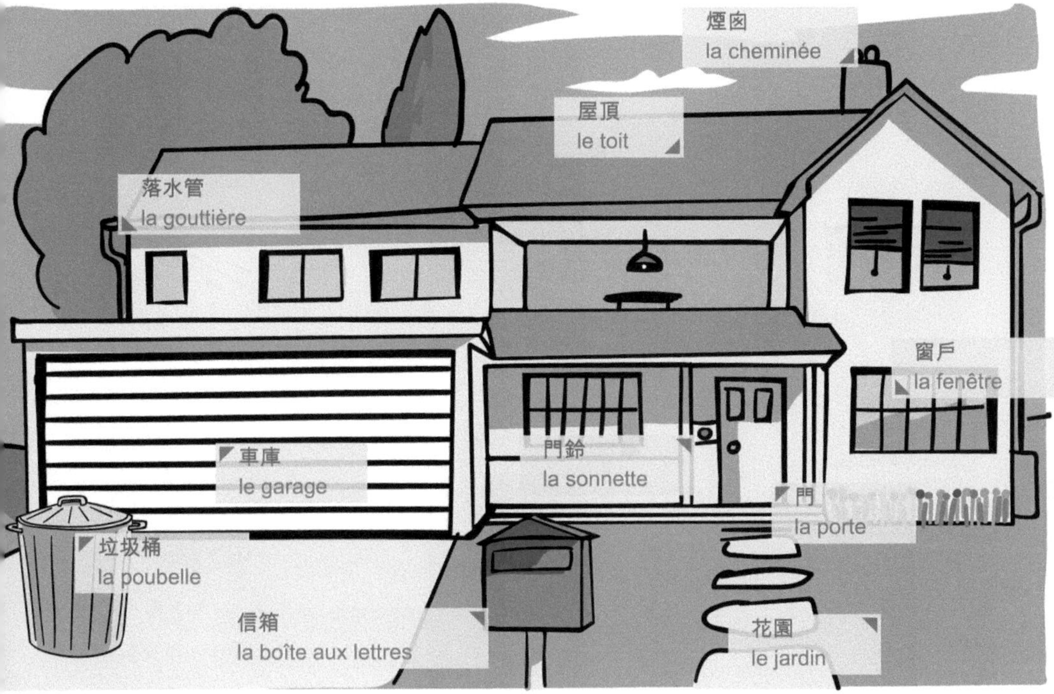

煙囪
la cheminée
屋頂
le toit
落水管
la gouttière
窗戶
la fenêtre
車庫
le garage
門鈴
la sonnette
門
la porte
垃圾桶
la poubelle
信箱
la boîte aux lettres
花園
le jardin

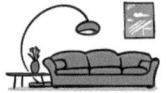

客廳

le salon

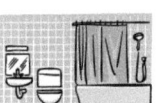

浴室

la chambre de bain

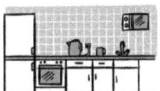

廚房

la cuisine

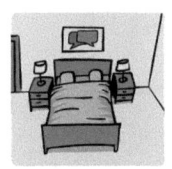

臥室

la chambre à coucher

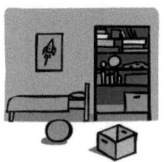

兒童房

la chambre d'enfant

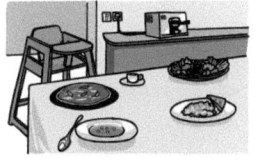

餐廳

la salle à manger

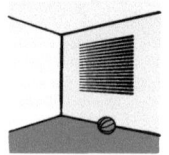

地板
le sol

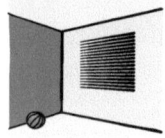

牆壁
le mur

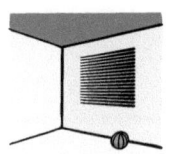

天花板
le plafond

地窖
la cave

三溫暖
le sauna

陽臺
le balcon

露臺
la terrasse

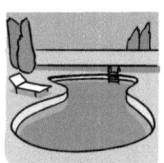

游泳池
la piscine

割草機
la tondeuse à gazon

被單
la fourre de duvet

床罩
la couette

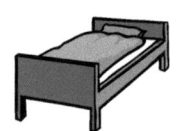

床
le lit

掃帚
le balai

水桶
le sceau

開關
l'interrupteur

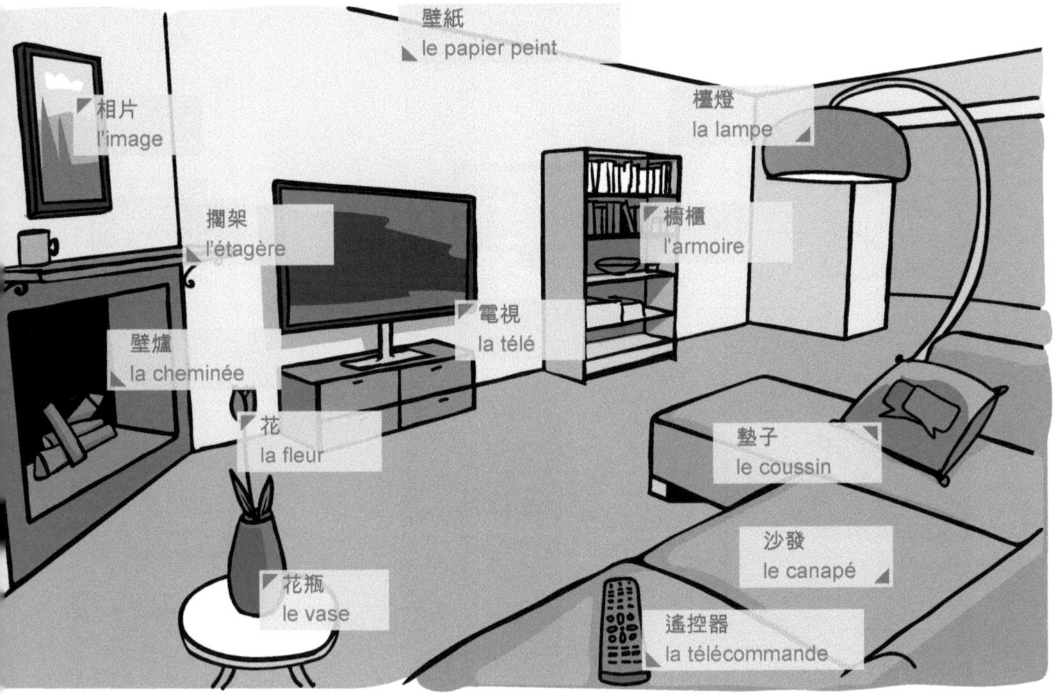

壁紙
le papier peint

相片
l'image

檯燈
la lampe

攔架
l'étagère

櫥櫃
l'armoire

電視
la télé

壁爐
la cheminée

花
la fleur

墊子
le coussin

花瓶
le vase

沙發
le canapé

遙控器
la télécommande

地毯

le tapis

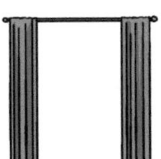

窗簾

le rideau

餐桌

la table

椅子

la chaise

搖椅

la chaise à bascule

扶手椅

le fauteuil

書
le livre

毯子
la couverture

裝飾品
la décoration

木柴
le bois de chauffage

電影
le film

高傳真音響
la chaîne hi-fi

鑰匙
la clé

報紙
le journal

油畫
la peinture

海報
le poster

收音機
la radio

筆記本
le bloc-notes

吸塵器
l'aspirateur

仙人掌
le cactus

蠟燭
la bougie

廚房
la cuisine

冰箱
le frigo
微波爐
le four à micro-ondes
廚房秤
la balance de cuisine
烤麵包機
le toasteur
洗潔精
le détergent
烤箱
le four
冰櫃
le compartiment congélateur
垃圾桶
la poubelle
洗碗機
le lave-vaisselle

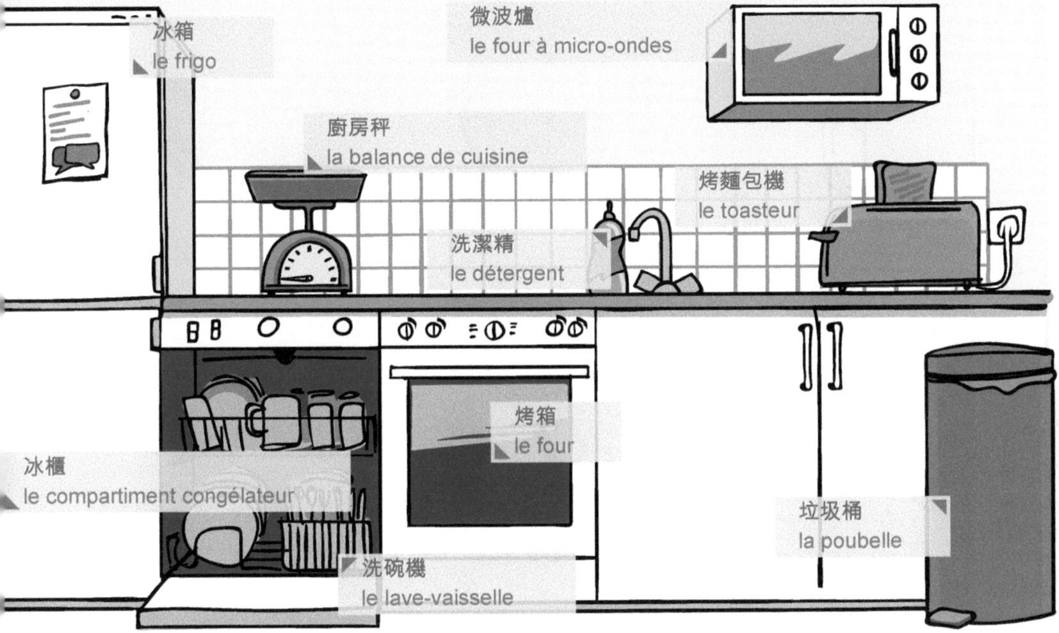

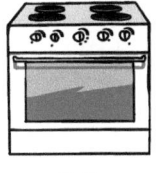

炊具
le four

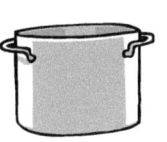

鍋
la casserole

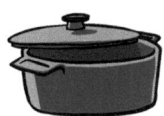

鑄鐵鍋
la marmite

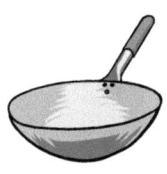

炒鍋
le wok/kadai

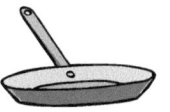

平底鍋
la poêle

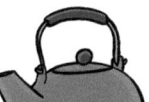

水壺
la bouilloire électrique

蒸鍋

le cuiseur vapeur

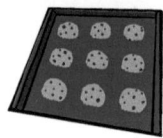

烤盤

la plaque de cuisson

陶瓷鍋

la vaisselle

馬克杯

le gobelet

碗

le bol

筷子

les baguettes

長柄勺

la louche

鏟子

la spatule

攪拌器

le fouet

濾網

la passoire

篩子

le tamis

磨碎機

la râpe

研缽

le mortier

燒烤

le barbecue

明火

la cheminée

菜板

la planche à découper

擀麵杖

le rouleau à pâtisserie

開瓶器

le tire-bouchon

罐子

la boîte

開罐器

l'ouvre-boîte

隔熱手套

les maniques

水槽

le lavabo

刷子

la brosse

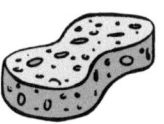

海綿

l'éponge

攪拌機

le mixeur

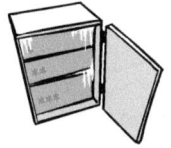

冷藏箱

le congélateur

奶瓶

le biberon

水龍頭

le robinet

廚房 - la cuisine

浴室

la chambre de bain

淋浴
la douche
供暖裝置
le chauffage
毛巾
la serviette
浴簾
le rideau de douche
泡沫浴
le bain moussant
浴缸
la baignoire
玻璃杯
le verre
洗衣機
la machine à laver
水龍頭
le robinet
瓷磚
le carrelage
便壺
le pot
水槽
le lavabo

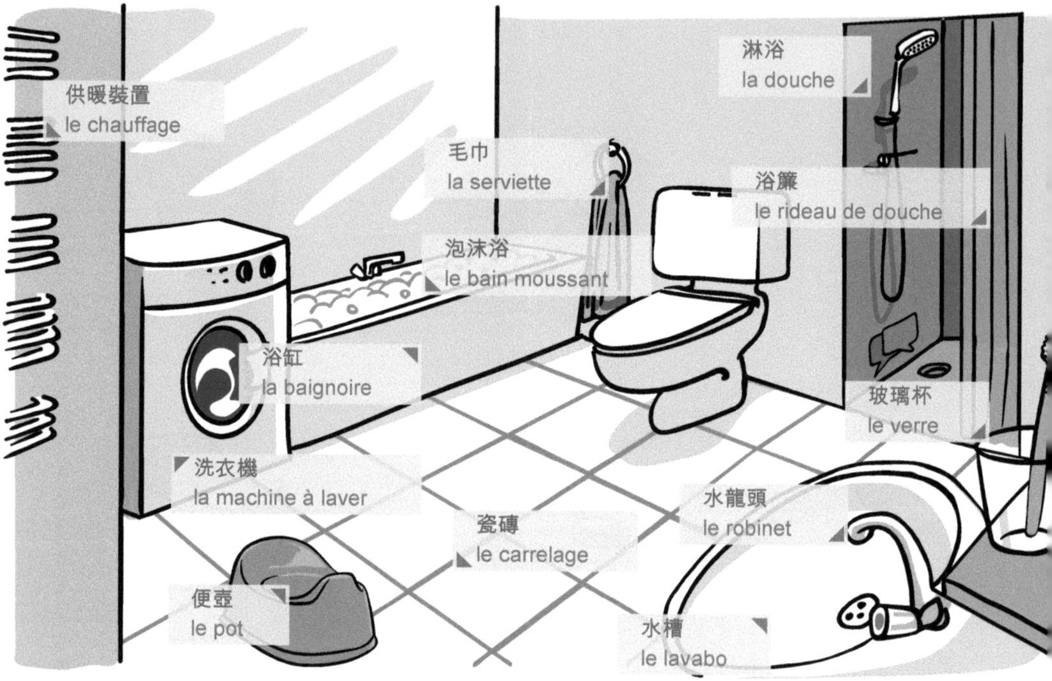

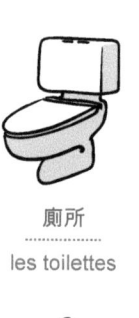

廁所

les toilettes

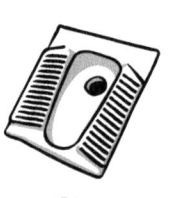

蹲便器

la toilette à la turque

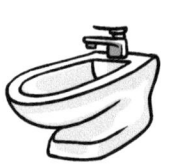

坐浴器

le bidet

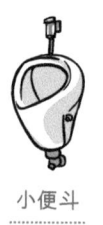

小便斗

l'urinoir

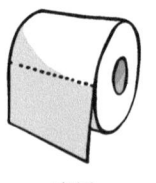

廁紙

le papier toilette

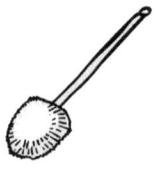

馬桶刷

la brosse à toilette

牙刷

la brosse à dents

牙膏

le dentifrice

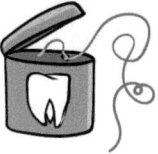

牙線

le fil dentaire

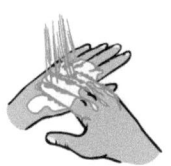

洗

laver

手持式蓮蓬頭

la douche manuelle

沖洗器

la douche intime

洗臉盆

la vasque

洗背刷

la brosse dorsale

肥皂

le savon

沐浴露

le gel douche

洗髮乳

le shampooing

法蘭絨

le gant de toilette

排水

l'écoulement

乳霜

la crème

除臭劑

le déodorant

鏡子
le miroir

手鏡
le miroir cosmétique

刮鬍刀
le rasoir

刮鬍泡沫
la mousse à raser

鬍後水
l'après-rasage

梳子
la peigne

刷子
la brosse

吹風機
le sèche-cheveux

噴髮定型劑
la laque pour cheveux

化妝品
le fond de teint

唇膏
le rouge à lèvres

指甲油
le vernis à ongles

化妝棉
l'ouate

指甲剪
le coupe-ongles

香水
le parfum

洗漱包

la trousse de toilette

凳子

le tabouret

計重秤

la balance

浴袍

le peignoir

橡膠手套

les gants de nettoyage

衛生棉條

le tampon

衛生棉

es serviettes hygiéniques

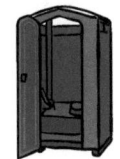

化學廁所

la toilette chimique

兒童房

la chambre d'enfant

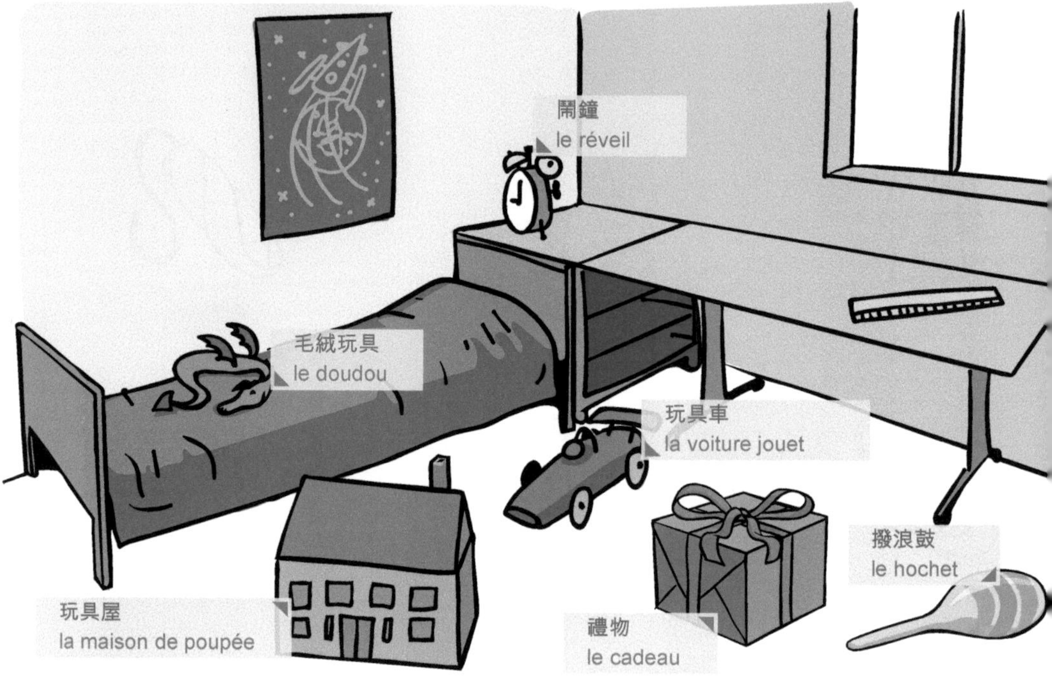

鬧鐘
le réveil
毛絨玩具
le doudou
玩具車
la voiture jouet
撥浪鼓
le hochet
玩具屋
la maison de poupée
禮物
le cadeau

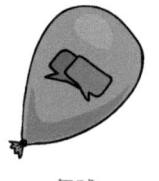

氣球

le ballon

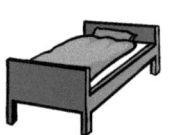

床

le lit

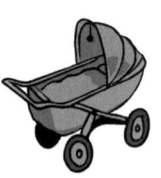

嬰兒車

la poussette

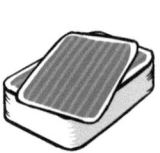

撲克牌

le jeu de cartes

拼圖

le puzzle

SUPER
MEGA

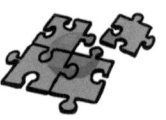

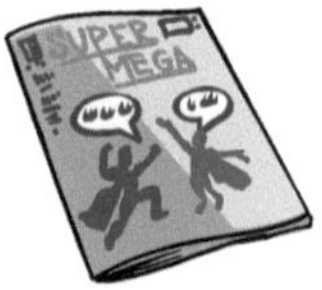

漫畫

la bande dessinée

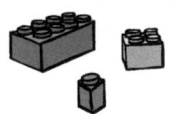

樂高積木

les pièces lego

積木玩具

les blocs de construction

公仔

la figurine

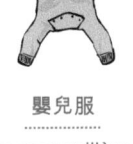

嬰兒服

la grenouillère

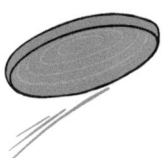

飛盤

le frisbee

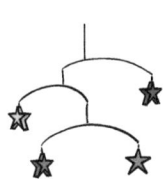

床鈴玩具

le mobile

棋盤遊戲

le jeu de société

骰子

le dé

火車模型

le train miniature

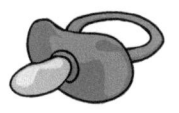

安撫奶嘴

la sucette

派對

la fête

繪本

le livre d'images

球

la balle

洋娃娃

la poupée

玩

jouer

沙坑

le bac à sable

鞦韆

la balançoire

玩具

les jouets

電玩遊戲

la console de jeu

三輪車

le tricycle

泰迪熊

l'ours en peluche

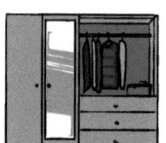

衣櫃

l'armoire

衣服

les vêtements

襪子

les chaussettes

長襪

les bas

緊身褲

le collant

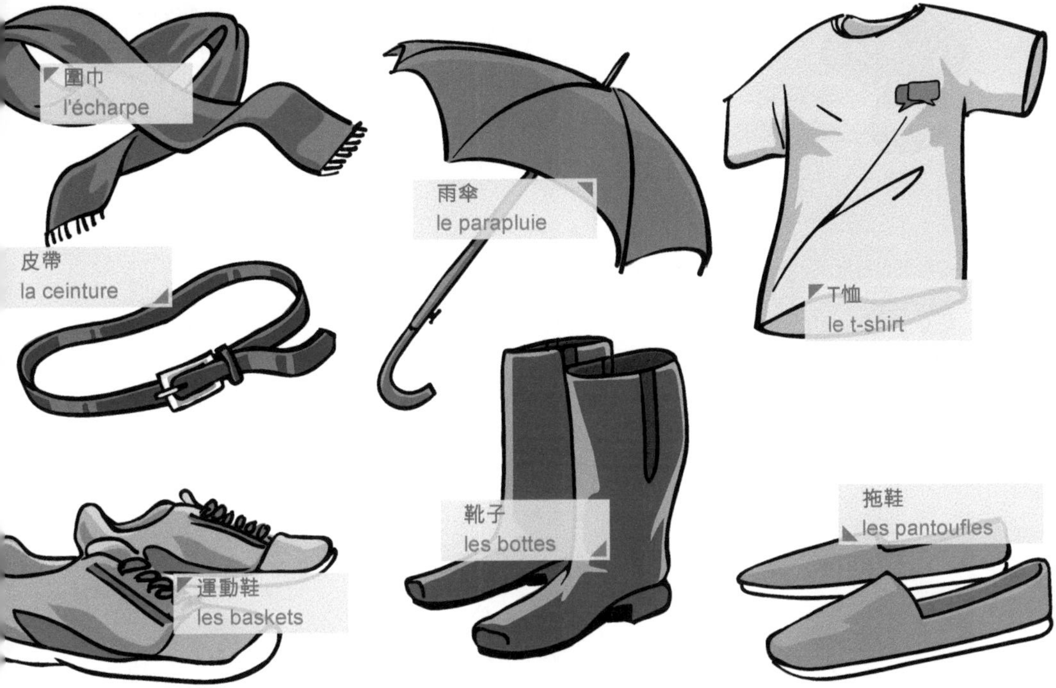

圍巾
l'écharpe

雨傘
le parapluie

皮帶
la ceinture

T恤
le t-shirt

運動鞋
les baskets

靴子
les bottes

拖鞋
les pantoufles

涼鞋
les sandales

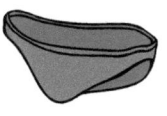
鞋
les chaussures

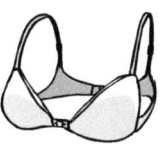
雨靴
les bottes de caoutchouc

內褲
le linge de corps

胸罩
le soutien-gorge

背心
le maillot de corps

身體

le body

褲子

le pantalon

牛仔褲

le jean

短裙

la jupe

女式襯衫

le chemisier

襯衫

la chemise

套頭衫

le pull

連帽上衣

le pull-over à capuche

西裝夾克

la veste

夾克

la veste

外套

le manteau

雨衣

l'imperméable

套裝

le costume

連衣裙

la robe

婚紗

la robe de mariée

西裝
le costume

睡袍
la chemise de nuit

睡衣
le pyjama

莎麗
le sari

頭巾
le foulard

包頭巾
le turban

波卡
la burqa

卡夫坦
le caftan

(阿拉伯式)長袍
l'abaya

泳衣
le maillot de bain

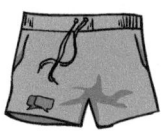

男式泳褲
le costume de bain

短褲
les cuissettes

運動服
la tenue d'entraînement

圍裙
le tablier

手套
les gants

衣服 - les vêtements

鈕扣

le bouton

眼鏡

les lunettes

手鏈

le bracelet

項鍊

le collier

戒指

la bague

耳環

la boucle d'oreille

便帽

le bonnet

衣架

le cintre

帽子

le chapeau

領帶

la cravate

拉鍊

la fermeture éclair

安全帽

le casque

背帶

les bretelles

校服

l'uniforme scolaire

制服

l'uniforme

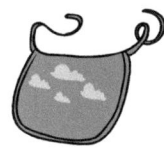

圍兜

le bavoir

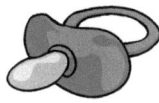

安撫奶嘴

la sucette

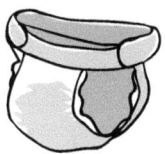

尿布

la couche

辦公室

le bureau

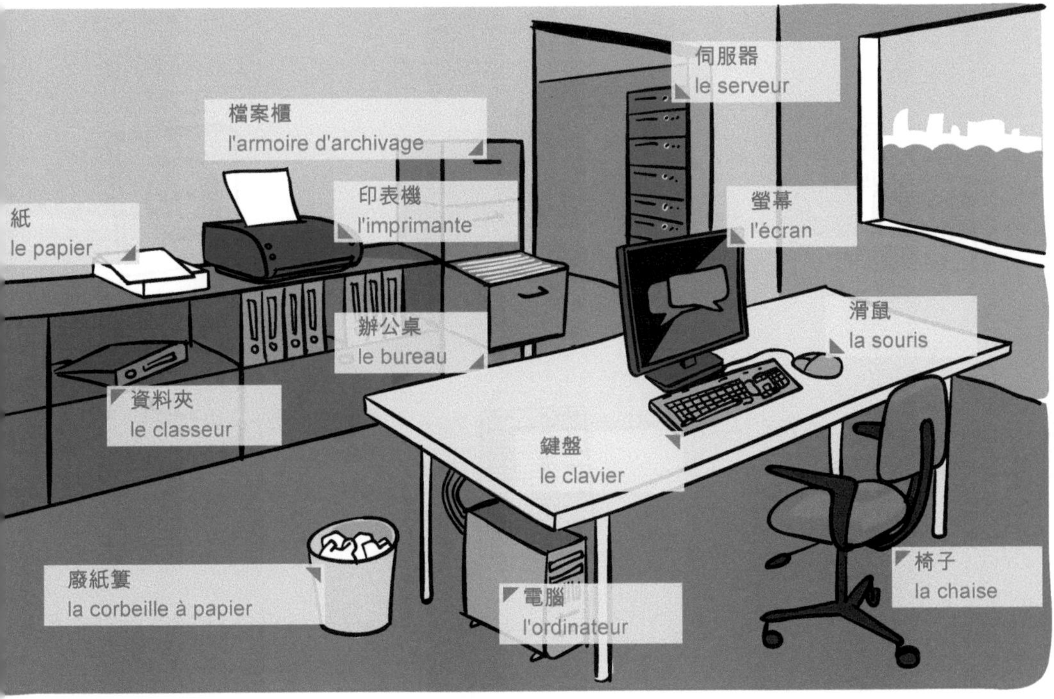
伺服器
le serveur
檔案櫃
l'armoire d'archivage
紙
le papier
印表機
l'imprimante
螢幕
l'écran
滑鼠
la souris
辦公桌
le bureau
資料夾
le classeur
鍵盤
le clavier
廢紙簍
la corbeille à papier
電腦
l'ordinateur
椅子
la chaise

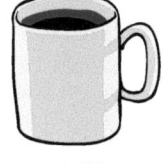

咖啡杯

la tasse à café

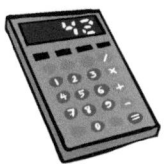

計算機

la calculatrice

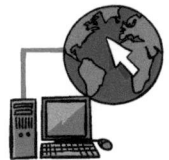

網際網路

l'internet

筆記型電腦
l'ordinateur portable

信件
la lettre

簡訊
le message

行動電話
le portable

網路
le réseau

影印機
la photocopieuse

軟體
le logiciel

電話
le téléphone

插座
la prise

傳真機
le fax

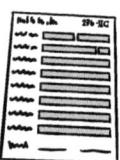

表格
le formulaire

檔案
le document

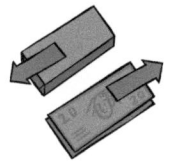

買
acheter

付錢
payer

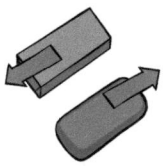

交易
marchander

現金
la monnaie

美元
le dollar

歐元
l'euro

日元
le yen

盧布
le rouble

瑞士法郎
le franc suisse

人民幣
le renminbi yuan

盧比
la roupie

提款處
le distributeur automatique

外幣兌換處

le bureau de change

金

l'or

銀

l'argent

石油

le pétrole

能源

l'énergie

價格

le prix

合約

le contrat

稅金

la taxe

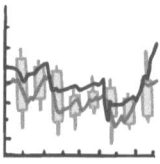

股票

l'action

工作

travailler

職員

l'employé

老闆

l'employeur

工廠

l'usine

商店

le magasin

les professions

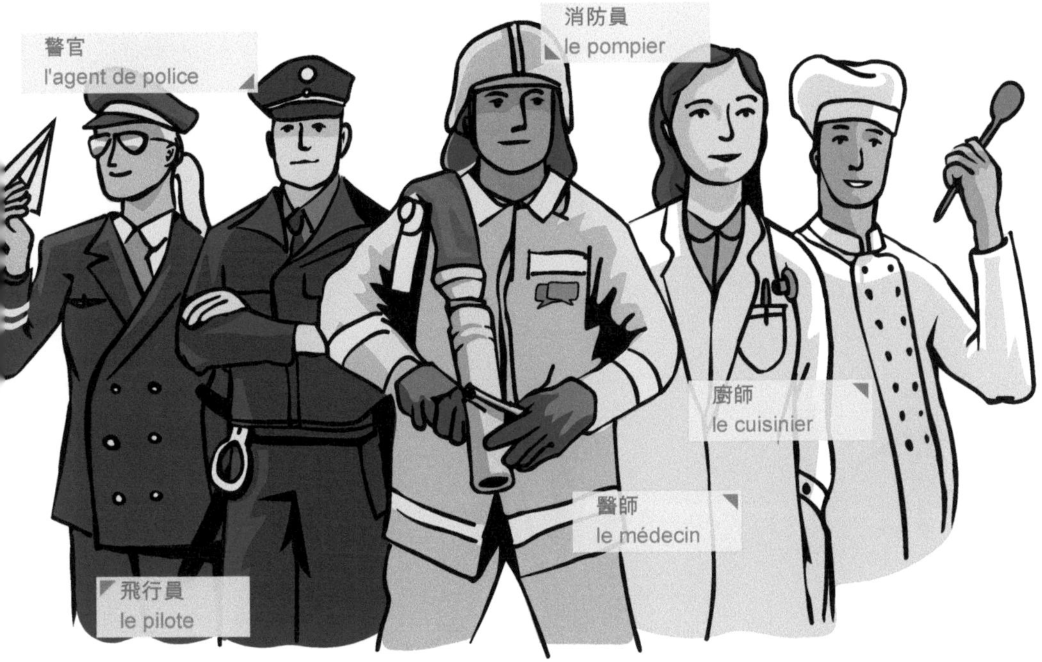
警官
l'agent de police
消防員
le pompier
廚師
le cuisinier
醫師
le médecin
飛行員
le pilote

園丁

le jardinier

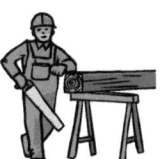

木匠

le menuisier

裁縫

la couturière

法官

le juge

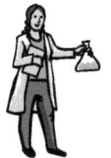

化學家

le chimiste

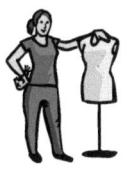

演員

l'acteur

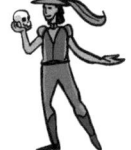

公車司機

le conducteur de bus

計程車司機

le chauffeur de taxi

漁夫

le pêcheur

清洗女工

la femme de ménage

屋頂工

le couvreur

服務生

le serveur

獵人

le chasseur

畫家

le peintre

麵包師

le boulanger

電工

l'électricien

建築工人

l'ouvrier

工程師

l'ingénieur

屠夫

le boucher

水管工

le plombier

郵差

le facteur

士兵

le soldat

建築師

l'architecte

收銀員

le caissier

花農

le fleuriste

理髮師

le coiffeur

售票員

le contrôleur

機械技師

le mécanicien

船長

le capitaine

牙醫

le dentiste

科學家

le scientifique

拉比

le rabbin

伊瑪目

l'imam

和尚

le moine

牧師

le prêtre

工具
les outils

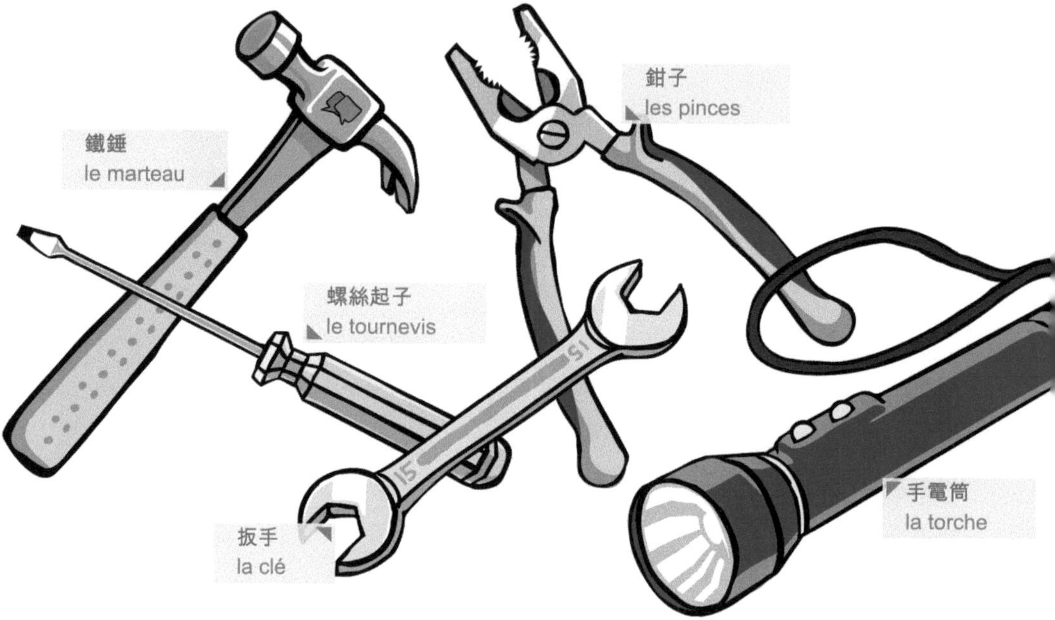
鐵鎚
le marteau
鉗子
les pinces
螺絲起子
le tournevis
扳手
la clé
手電筒
la torche

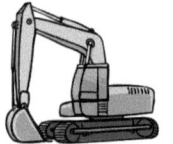

挖掘機

la pelleteuse

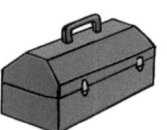

工具箱

la boîte à outils

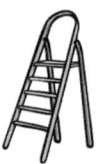

梯子

l'échelle

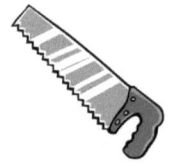

鋸子

la scie

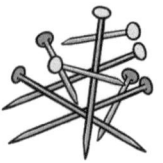

釘子

les clous

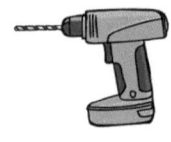

鑽機

la perceuse

修
....
réparer

鏟子
....
la pelle

糟糕！
....
Mince!

畚箕
....
la pelle

油漆桶
....
le pot de peinture

螺絲
....
les vis

樂器
les instruments de musique

打擊樂器
la batterie

揚聲器
le haut-parleur

吉他
la guitare

低音提琴
la contrebasse

小號
la trompette

鋼琴

le piano

小提琴

le violon

貝斯

la basse

定音鼓

les timbales

鼓

le tambour

電子琴

le piano électrique

薩克斯風

le saxophone

長笛

la flûte

麥克風

le microphone

動物園

le zoo

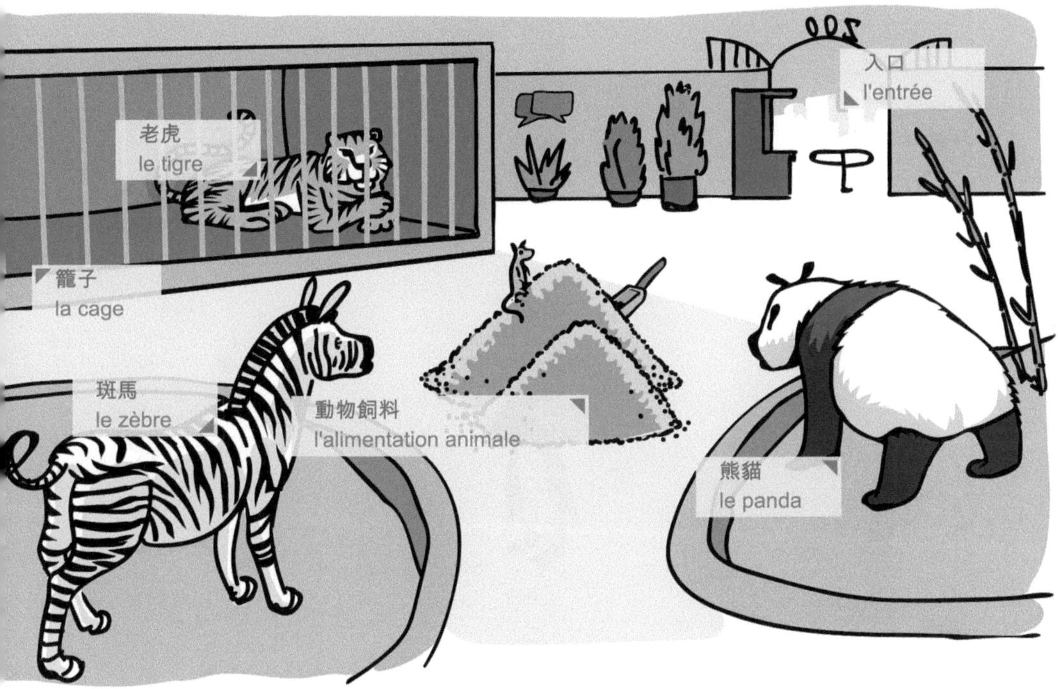

zoo
入口
l'entrée
老虎
le tigre
籠子
la cage
斑馬
le zèbre
動物飼料
l'alimentation animale
熊貓
le panda

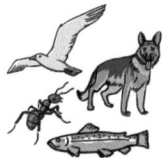

動物

les animaux

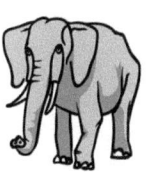

大象

l'éléphant

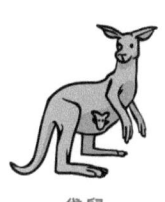

袋鼠

le kangourou

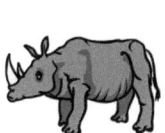

犀牛

le rhinocéros

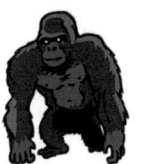

大猩猩

le gorille

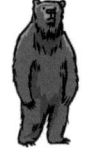

熊

l'ours

駱駝

le chameau

鴕鳥

l'autruche

獅子

le lion

猴子

le singe

紅鶴

le flamand rose

鸚鵡

le perroquet

北極熊

l'ours polaire

企鵝

le pingouin

鯊魚

le requin

孔雀

le paon

蛇

le serpent

鱷魚

le crocodile

動物園管理員

le gardien de zoo

海豹

le phoque

美洲豹

le jaguar

矮種馬
le poney

豹
le léopard

河馬
l'hippopotame

長頸鹿
la girafe

老鷹
l'aigle

野豬
le sanglier

魚
le poisson

龜
la tortue

海象
le morse

狐狸
le renard

羚羊
la gazelle

動物園 - le zoo

61

橄欖球
l'american Football

騎腳踏車
le cyclisme

網球
le tennis

籃球
le basket-ball

游泳
la natation

拳擊
la boxe

冰球
le hockey sur glace

美式足球
le football

羽毛球
le badminton

田徑
l'athlétisme

手球
le handball

滑雪
le ski

馬球
le polo

跳
sauter

擁抱
embrasser

笑
rire

走路
marcher

唱
chanter

做夢
rêver

祈禱
prier

親吻
faire la bise

書寫
écrire

畫
dessiner

展示
montrer

推
pousser

給
donner

拿
prendre

有
avoir

做
faire

當
être

站
être debout

跑
courir

拉
trier

丟
jeter

摔倒
tomber

躺
être couché

等待
attendre

攜帶
porter

坐
être assis

穿衣
s'habiller

睡覺
dormir

醒來
se réveiller

看
....
regarder

哭
....
pleurer

擊
....
caresser

梳頭
....
peigner

交談
....
parler

明白
....
comprendre

問
....
demander

聽
....
écouter

喝
....
boire

吃
....
manger

清理
....
ranger

愛
....
aimer

做飯
....
cuire

開車
....
conduire

飛
....
voler

航行

faire de la voile

計算

calculer

讀

lire

學習

apprendre

工作

travailler

結婚

se marier

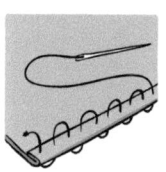

縫

coudre

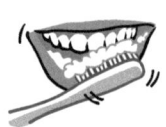

刷牙

se brosser les dents

殺

tuer

抽菸

fumer

寄

envoyer

la famille

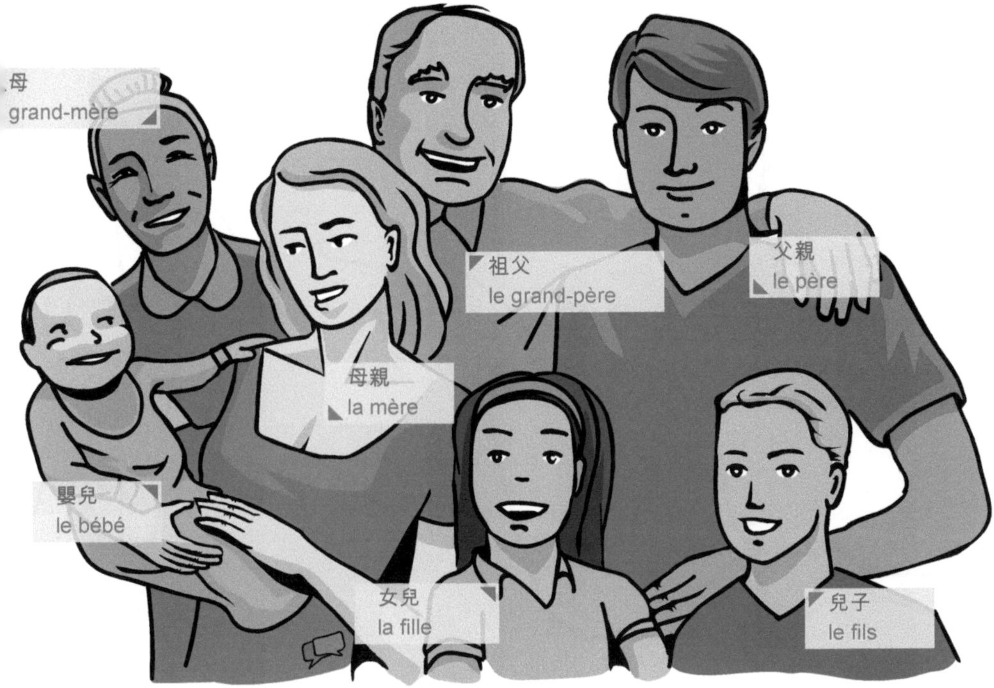
母
grand-mère
祖父
le grand-père
父親
le père
母親
la mère
嬰兒
le bébé
女兒
la fille
兒子
le fils

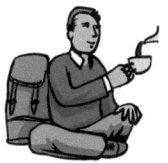

客人

l'hôte

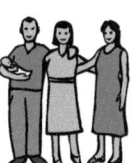

阿姨

la tante

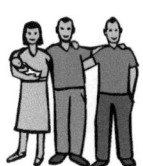

叔叔

l'oncle

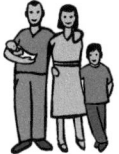

兄弟

le frère

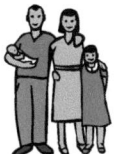

姐妹

la sœur

身體

le corps

前額
le front
眼睛
l'œil
臉
le visage
下巴
le menton
手指
le doigt
手
la main
乳房
la poitrine
手臂
le bras
肩膀
l'épaule
腿
la jambe

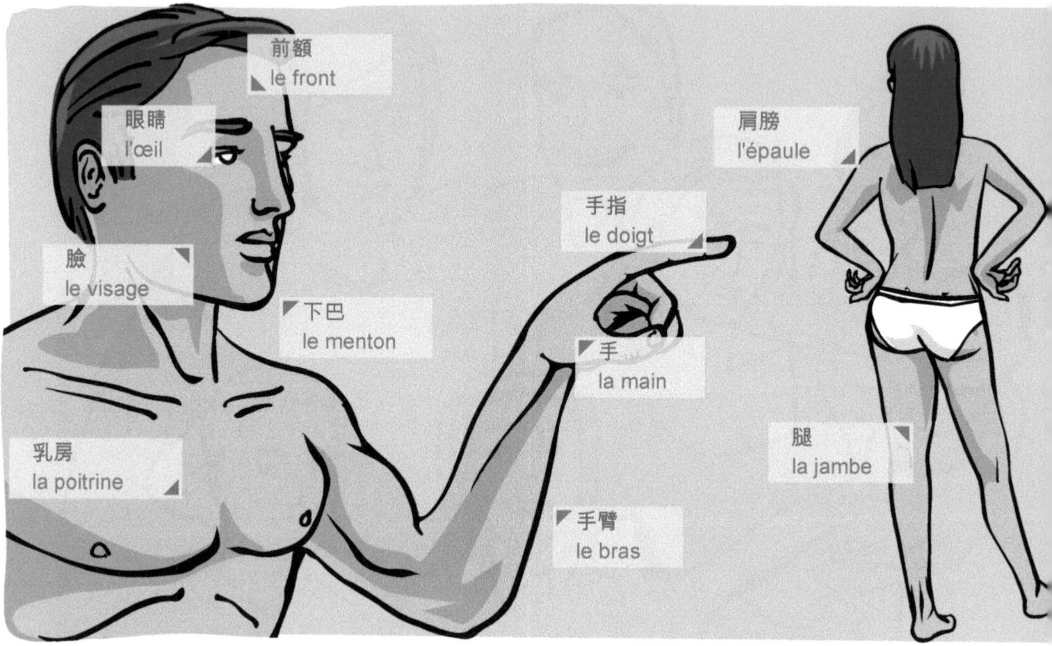

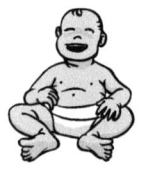

嬰兒
le bébé

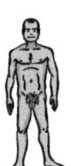

男人
l'homme

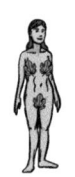

女人
la femme

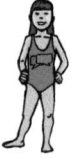

女孩
la fille

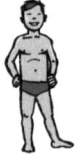

男孩
le garçon

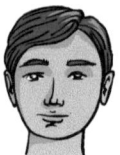

頭
la tête

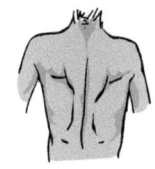

背部

le dos

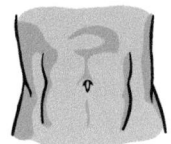

肚子

le ventre

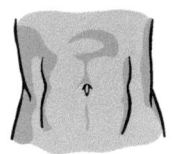

肚臍

le nombril

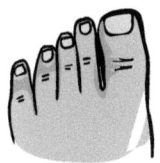

腳趾

l'orteil

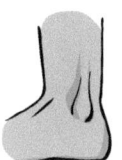

腳後跟

le talon

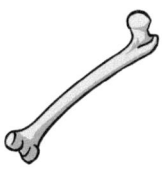

骨頭

l'os

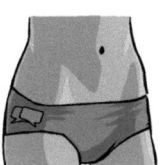

臀部

la hanche

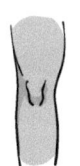

膝蓋

le genou

手肘

le coude

鼻子

le nez

屁股

les fesses

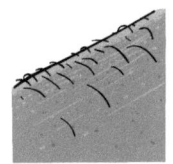

皮膚

la peau

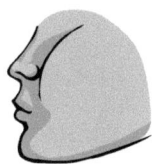

臉頰

la joue

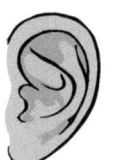

耳朵

l'oreille

嘴唇

la lèvre

嘴

la bouche

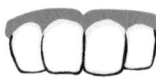

牙齒

la dent

舌頭

la langue

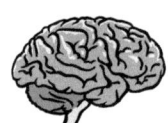

腦

le cerveau

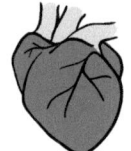

心臟

le cœur

肌肉

le muscle

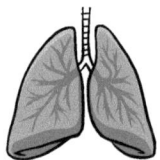

肺

les poumons

肝臟

le foie

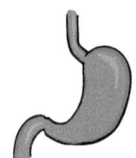

胃

l'estomac

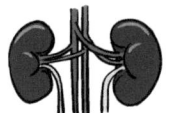

腎臟

les reins

性交

le rapport sexuel

保險套

le préservatif

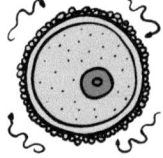

卵子

l'ovule

精子

le sperme

懷孕

la grossesse

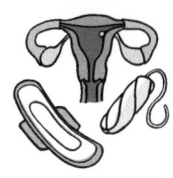

月事

la menstruation

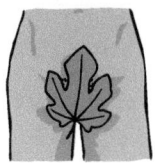

陰道

le vagin

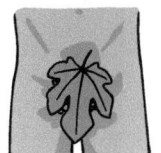

陰莖

le pénis

眉毛

le sourcil

頭髮

les cheveux

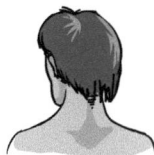

脖子

le cou

醫院
l'hôpital

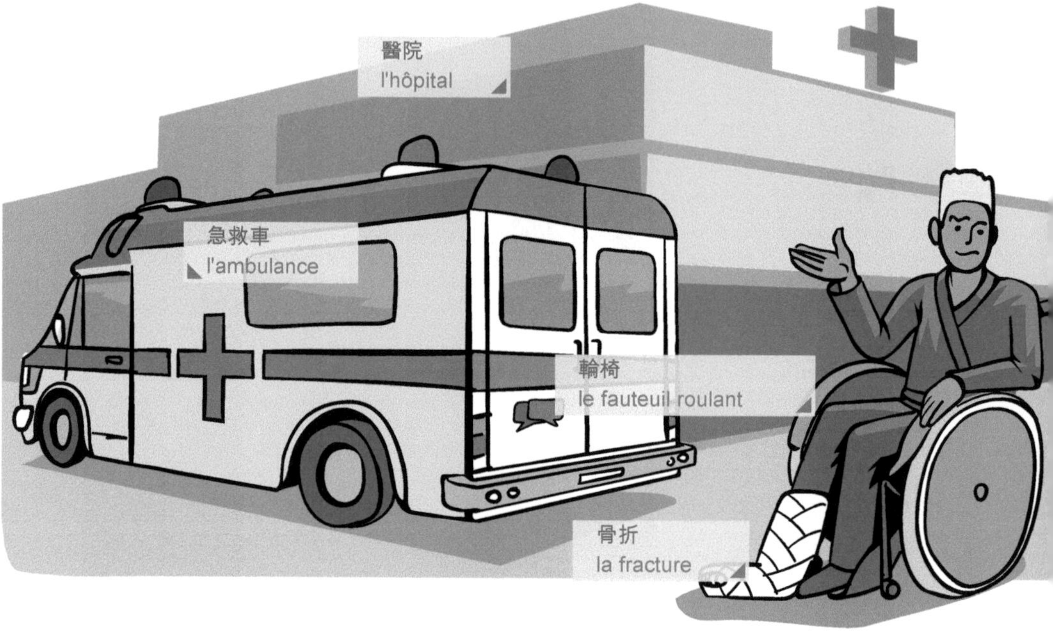

醫院
l'hôpital
急救車
l'ambulance
輪椅
le fauteuil roulant
骨折
la fracture

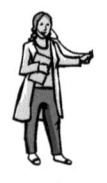

醫師

le médecin

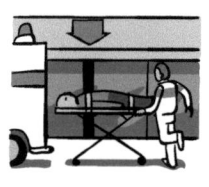

急診室

le service des urgences

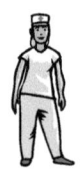

護理師

l'infirmière

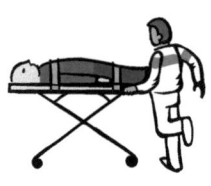

緊急情形

l'urgence

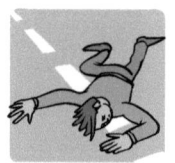

昏迷

inconscient

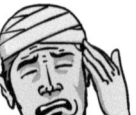

痛

la douleur

受傷
la blessure

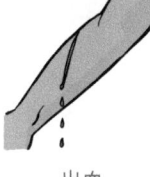

出血
l'hémorragie

心臟病發作
la crise cardiaque

中風
l'attaque cérébrale

過敏
l'allergie

咳嗽
la toux

發燒
la fièvre

流感
la grippe

腹瀉
la diarrhée

頭痛
le mal de tête

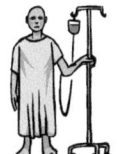

癌症
le cancer

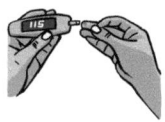

糖尿病
le diabète

外科醫師
le chirurgien

手術刀
le scalpel

手術
l'opération

電腦斷層掃描

le CT

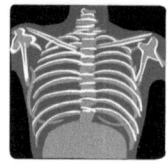

X光

la radiographie

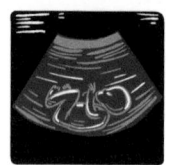

超音波

l'échographie

口罩

le masque

疾病

la maladie

候診室

la salle d'attente

拐杖

la béquille

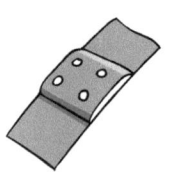

石膏

le pansement

繃帶

le pansement

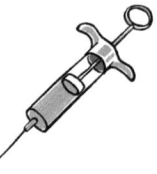

注射

l'injection

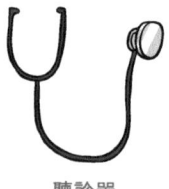

聽診器

le stéthoscope

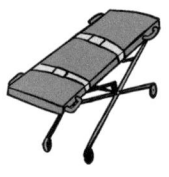

擔架

le brancard

體溫計

le thermomètre

出生

l'accouchement

超重

le surpoids

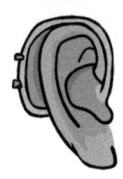

助聽器

l'appareil auditif

消毒液

le désinfectant

感染

l'infection

病毒

le virus

愛滋病

le VIH / le sida

藥物

le médicament

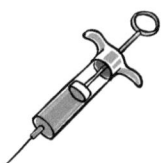

接種疫苗

la vaccination

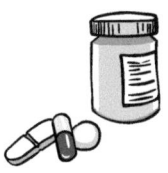

藥片

les tablettes

藥丸

la pilule

急救電話

l'appel d'urgence

血壓計

le tensiomètre

生病/健康

malade / sain

救命！

Au secours!

警報

l'alarme

突擊

l'agression

攻擊

l'attaque

危險

le danger

緊急出口

la sortie de secours

失火了！

Au feu!

滅火器

l'extincteur

意外

l'accident

急救箱

la trousse de premier
secours

呼救訊號

SOS

員警

la police

歐洲

l'Europe

北美洲

l'Amérique du Nord

南美洲

l'Amérique du Sud

非洲

l'Afrique

亞洲

l'Asie

澳洲

l'Australie

大西洋

l'Océan atlantique

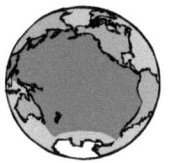

太平洋

l'Océan pacifique

印度洋

l'Océan indien

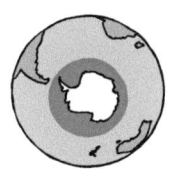

南冰洋

l'Océan antarctique

北冰洋

l'Océan arctique

北極

le Pôle nord

南極

le Pôle sud

南極洲

l'Antarctique

地球

la terre

陸地

le pays

海

la mer

島

l'île

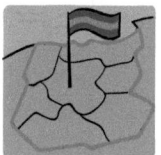

國家

la nation

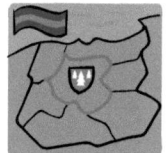

州

l'état

錶盤

le cadran

時針

l'aiguille des heures

分針

l'aiguille des minutes

秒針

l'aiguille des secondes

現在幾點？

Quelle heure est-il?

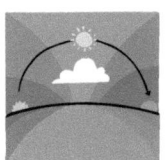

天

le jour

時間

le temps

現在

maintenant

電子錶

la montre digitale

分

la minute

時

l'heure

週

la semaine

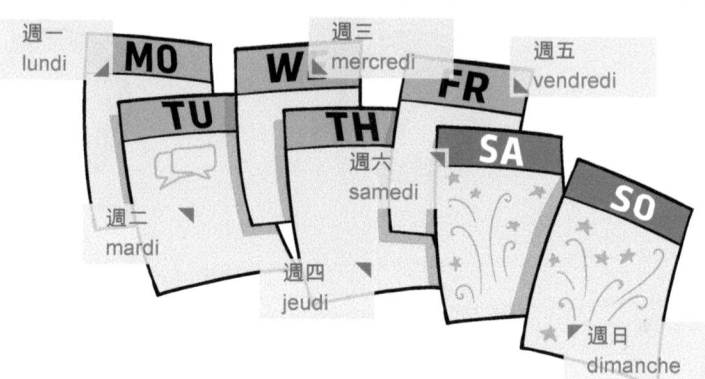

週一 lundi
週三 mercredi
週五 vendredi
週二 mardi
週四 jeudi
週六 samedi
週日 dimanche

昨天

hier

今天

aujourd'hui

明天

demain

早晨

le matin

中午

le midi

晚上

le soir

工作日

les jours ouvrables

週末

le week-end

年
l'année

雨
la pluie
彩虹
l'arc-en-ciel
雪
la neige
風
le vent
春
le printemps
秋
l'automne
夏
l'été
冬
l'hiver

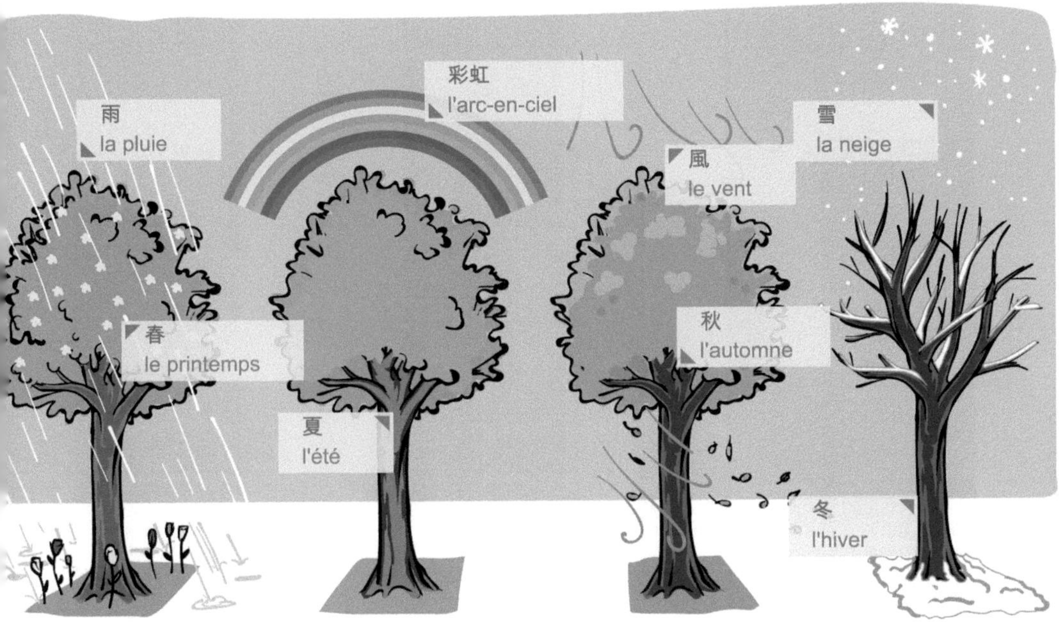

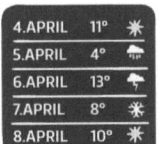

4.APRIL 11°
5.APRIL 4°
6.APRIL 13°
7.APRIL 8°
8.APRIL 10°

天氣預告

la météo

F C
120 40
90 30
60 20
30 10
0 0
-30 -10
-20

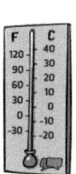

溫度計

le thermomètre

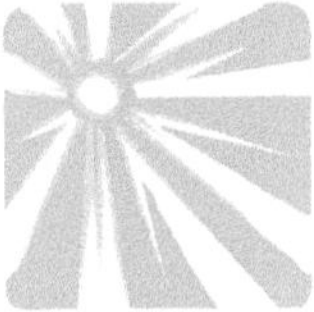

陽光

la lumière du soleil

雲

le nuage

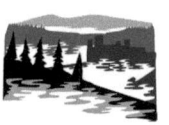

霧

le brouillard

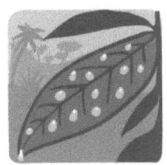

潮濕

l'humidité

閃電

la foudre

打雷

le tonnerre

風暴

la tempête

冰雹

la grêle

季風

la mousson

洪水

l'inondation

冰

la glace

一月

janvier

二月

février

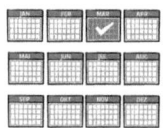

三月

mars

四月

avril

五月

mai

六月

juin

七月

juillet

八月

août

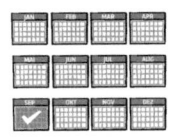

九月
....
septembre

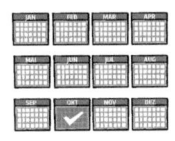

十月
....
octobre

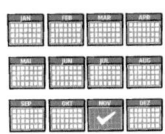

十一月
....
novembre

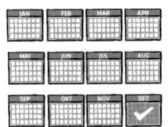

十二月
....
décembre

形狀
les formes

圓形
....
le cercle

正方形
....
le carré

長方形
....
le rectangle

三角形
....
le triangle

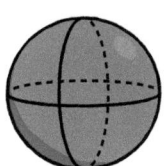

球體
....
la sphère

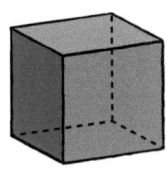

立方體
....
le cube

白
blanc

黃
jaune

橙
orange

粉
rose

紅
rouge

紫
violet

藍
bleu

綠
vert

棕
marron

灰
gris

黑
noir

很多/少許

beaucoup / peu

生氣/平靜

fâché / calme

美/醜

joli / laid

首/尾

le début / la fin

大/小

grand / petit

明/暗

clair / obscure

兄弟/姐妹

le frère / la sœur

乾淨/骯髒

propre / sale

完整/缺失

complet / incomplet

白天/晚上

le jour / la nuit

死/生

mort / vivant

寬/窄

large / étroit

可食用/非食用

comestible / incomestible

邪惡/善良

méchant / gentil

興奮/無聊

excité / ennuyé

胖/瘦

gros / mince

第一/最後

le premier / le dernier

朋友/敵人

l'ami / l'ennemi

滿/空

plein / vide

硬/軟

dur / souple

重/輕

lourd / léger

餓/渴

faim / soif

生病/健康

malade / sain

非法/合法

illégal / légal

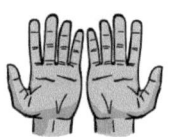

聰明/愚笨

intelligent / stupide

左/右

gauche / droite

近/遠

proche / loin

新/舊

nouveau / usé

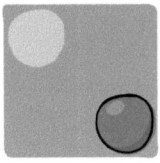

沒有/有些

rien / quelque chose

老/幼

vieux / jeune

開/關

marche / arrêt

打開/闔上

ouvert / fermé

安靜/吵鬧

faible / fort

富/窮

riche / pauvre

對/錯

correct / incorrect

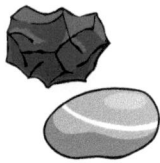

粗糙/光滑

rugueux / lisse

傷心/高興

triste / heureux

短/長

court / long

慢/快

lent / rapide

濕/乾

mouillé / sec

溫暖/涼爽

chaud / froid

戰爭/和平

la guerre / la paix

數字

les nombres

0

零

zéro

1

一

un

2

二

deux

3

三

trois

4

四

quatre

5

五

cinq

6

六

six

7

七

sept

8

八

huit

9

九

neuf

10

十

dix

11

十一

onze

12
十二
douze

13
十三
treize

14
十四
quatorze

15
十五
quinze

16
十六
seize

17
十七
dix-sept

18
十八
dix-huit

19
十九
dix-neuf

20
二十
vingt

100
百
cent

1.000
千
mille

1.000.000
百萬
le million

數字 - les nombres

英語

l'anglais

美式英語

l'anglais américain

普通話

le chinois mandarin

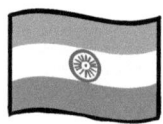

印地語

le hindi

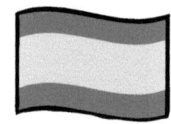

西班牙語

l'espagnol

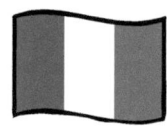

法語

le français

阿拉伯語

l'arabe

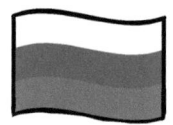

俄語

le russe

葡萄牙語

le portugais

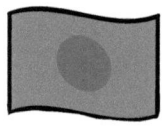

孟加拉語

le bengali

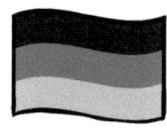

德語

l'allemand

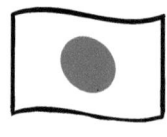

日語

le japonais

我
je

你
tu

他/她/它
il / elle

我們
nous

你們
vous

他們
ils / elles

誰？
qui?

什麼？
quoi?

如何？
comment?

何處？
où?

何時？
quand?

名字
le nom

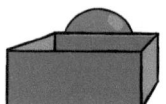

後面

derrière

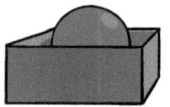

裡面

dans

前面

devant

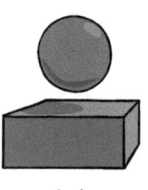

上方

au-dessus

上面

sur

下麵

en-dessous

旁邊

à côté de

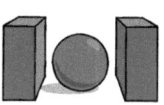

中間

entre

地點

le lieu